Learn Portuguese with Beginner Stories 2

HypLern Interlinear Project
www.hyplern.com

First edition: 2025, September

Author: Various
Translation: Kees van den End
Foreword: Camilo Andrés Bonilla Carvajal PhD

ISBN: 978-1-988830-99-5

kees@hyplern.com
www.hyplern.com

Learn Portuguese with Beginner Stories 2

Interlinear Portuguese to English

Author
Various

Translation
Kees van den End

HypLern Interlinear Project
www.hyplern.com

The HypLern Method

Learning a foreign language should not mean leafing through page after page in a bilingual dictionary until one's fingertips begin to hurt. Quite the contrary, through everyday language use, friendly reading, and direct exposure to the language we can get well on our way towards mastery of the vocabulary and grammar needed to read native texts. In this manner, learners can be successful in the foreign language without too much study of grammar paradigms or rules. Indeed, Seneca expresses in his sixth epistle that "Longum iter est per praecepta, breve et efficax per exempla[1]."

The HypLern series constitutes an effort to provide a highly effective tool for experiential foreign language learning. Those who are genuinely interested in utilizing original literary works to learn a foreign language do not have to use conventional graded texts or adapted versions for novice readers. The former only distort the actual essence of literary works, while the latter are highly reduced in vocabulary and relevant content. This collection aims to bring the lively experience of reading stories as directly told by their very authors to foreign language learners.

Most excited adult language learners will at some point seek their teachers' guidance on the process of learning to read in the foreign language rather than seeking out external opinions. However, both teachers and learners lack a general reading technique or strategy. Oftentimes, students undertake the reading task equipped with nothing more than a bilingual dictionary, a grammar book, and lots of courage. These efforts often end in frustration as the student builds mis-constructed nonsensical sentences after many hours spent on an aimless translation drill.

Consequently, we have decided to develop this series of interlinear translations intended to afford a comprehensive edition of unabridged texts. These texts are presented as they were originally written with no changes in word choice or order. As a result, we have a translated piece conveying the true meaning under every word from the original work. Our readers receive then two books in just one volume: the original version and its translation.

The reading task is no longer a laborious exercise of patiently decoding unclear and seemingly complex paragraphs. What's more, reading becomes an enjoyable and meaningful process of cultural, philosophical and linguistic learning. Independent learners can then acquire expressions and vocabulary while understanding pragmatic and socio-cultural dimensions of the target language by reading in it rather than reading about it.

Our proposal, however, does not claim to be a novelty. Interlinear translation is as old as the Spanish tongue, e.g. "glosses of [Saint] Emilianus", interlinear bibles in Old German, and of course James Hamilton's work in the 1800s. About the latter, we remind the readers, that as a revolutionary freethinker he promoted the publication of Greco-Roman classic works and further pieces in diverse languages. His effort, such as ours, sought to lighten the exhausting task of looking words up in large glossaries as an educational practice: "if there is any thing which fills reflecting men with melancholy and regret, it is the waste of mortal time, parental money, and puerile happiness, in the present method of pursuing Latin and Greek[2]".

Additionally, another influential figure in the same line of thought as Hamilton was John Locke. Locke was also the philosopher and translator of the Fabulae AEsopi in an interlinear plan. In 1600, he was already suggesting that interlinear texts, everyday communication, and use of the target language could be the most appropriate ways to achieve language learning:

> ...the true and genuine Way, and that which I would propose, not only as the easiest and best, wherein a Child might, without pains or Chiding, get a Language which others are wont to be whipt for at School six or seven Years together...[3]

---

1 "The journey is long through precepts, but brief and effective through examples". Seneca, Lucius Annaeus. (1961) Ad Lucilium Epistulae Morales, vol. I. London: W. Heinemann.

2 In: Hamilton, James (1829?) History, principles, practice and results of the Hamiltonian system, with answers to the Edinburgh and Westminster reviews; A lecture delivered at Liverpool; and instructions for the use of the books published on the system. Londres: W. Aylott and Co., 8, Pater Noster Row. p. 29.

3 In: Locke, John. (1693) Some thoughts concerning education. Londres: A. and J. Churchill. pp. 196-7.

Who can benefit from this edition?

We identify three kinds of readers, namely, those who take this work as a search tool, those who want to learn a language by reading authentic materials, and those attempting to read writers in their original language. The HypLern collection constitutes a very effective instrument for all of them.

1. For the first target audience, this edition represents a search tool to connect their mother tongue with that of the writer's. Therefore, they have the opportunity to read over an original literary work in an enriching and certain manner.
2. For the second group, reading every word or idiomatic expression in its actual context of use will yield a strong association between the form, the collocation, and the context. This will have a direct impact on long term learning of passive vocabulary, gradually building genuine reading ability in the original language. This book is an ideal companion not only to independent learners but also to those who take lessons with a teacher. At the same time, the continuous feeling of achievement produced during the process of reading original authors both stimulates and empowers the learner to study[1].
3. Finally, the third kind of reader will notice the same benefits as the previous ones. The proximity of a word and its translation in our interlinear texts is a step further from other collections, such as the Loeb Classical Library. Although their works might be considered the most famous in this genre, the presentation of texts on opposite pages hinders the immediate link between words and their semantic equivalence in our native tongue (or one we have a strong mastery of).

---

1 Some further ways of using the present work include:

1. As you progress through the stories, focus less on the lower line (the English translation). Instead, try to read through the upper line, staying in the foreign language as long as possible.
2. Even if you find glosses or explanatory footnotes about the mechanics of the language, you should make your own hypotheses on word formation and syntactical functions in a sentence. Feel confident about inferring your own language rules and test them progressively. You can also take notes concerning those idiomatic expressions or special language usage that calls your attention for later study.
3. As soon as you finish each text, check the reading in the original version (with no interlinear or parallel translation). This will fulfil the main goal of this

collection: bridging the gap between readers and original literary works, training them to read directly and independently.

Why interlinear?

Conventionally speaking, tiresome reading in tricky and exhausting circumstances has been the common definition of learning by texts. This collection offers a friendly reading format where the language is not a stumbling block anymore. Contrastively, our collection presents a language as a vehicle through which readers can attain and understand their authors' written ideas.

While learning to read, most people are urged to use the dictionary and distinguish words from multiple entries. We help readers skip this step by providing the proper translation based on the surrounding context. In so doing, readers have the chance to invest energy and time in understanding the text and learning vocabulary; they read quickly and easily like a skilled horseman cantering through a book.

Thereby we stress the fact that our proposal is not new at all. Others have tried the same before, coming up with evident and substantial outcomes. Certainly, we are not pioneers in designing interlinear texts. Nonetheless, we are nowadays the only, and doubtless, the best, in providing you with interlinear foreign language texts.

Handling instructions

Using this book is very easy. Each text should be read at least three times in order to explore the whole potential of the method. The first phase is devoted to comparing words in the foreign language to those in the mother tongue. This is to say, the upper line is contrasted to the lower line as the following example shows:

Um	nome	inscrito	no	céu
A	name	inscribed	in ~~the~~	heaven

The second phase of reading focuses on capturing the meaning and sense of the original text. As readers gain practice with the method, they should be able to focus on the target language without getting distracted by the translation. New users of the method, however, may find it helpful to cover the translated lines with a piece of paper as illustrated in the image below. Subsequently, they try to understand the meaning of every word, phrase, and entire sentences in the target language itself, drawing on the translation only when necessary. In this phase, the reader should resist the temptation to look at the translation for every word. In doing so, they will find that they are able to understand a good portion of the text by reading directly in the target language, without the crutch of the translation. This is the skill we are looking to train: the ability to read and understand native materials and enjoy them as native speakers do, that being, directly in the original language.

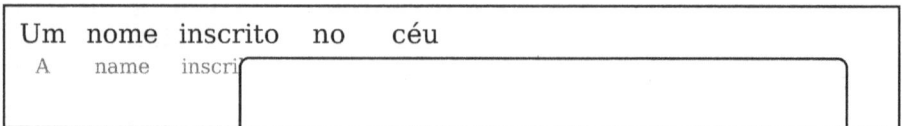

Um nome inscrito no céu
A   name   inscri

In the final phase, readers will be able to understand the meaning of the text when reading it without additional help. There may be some less common words and phrases which have not cemented themselves yet in the reader's brain, but the majority of the story should not pose any problems. If desired, the reader can use an SRS or some other memorization method to learning these straggling words.

Um nome inscrito no céu

Above all, readers will not have to look every word up in a dictionary to read a text in the foreign language. This otherwise wasted time will be spent concentrating on their principal interest. These new readers will tackle authentic texts while learning their vocabulary and expressions to use in further communicative (written or oral) situations. This book is just one work from an overall series with the same purpose. It really helps those who are afraid of having "poor vocabulary" to feel confident about reading directly in the language. To all of them and to all of you, welcome to the amazing experience of living a foreign language!

Additional tools

Check out shop.hyplern.com or contact us at info@hyplern.com for free mp3s (if available) and free empty (untranslated) versions of the eBooks that we have on offer.

For some of the older eBooks and paperbacks we have Windows, iOS and Android apps available that, next to the interlinear format, allow for a pop-up format, where hovering over a word or clicking on it gives you its meaning. The apps also have any mp3s, if available, and integrated vocabulary practice.

Visit the site hyplern.com for the same functionality online. This is where we will be working non-stop to make all our material available in multiple formats, including audio where available, and vocabulary practice.

Table of Contents

Chapter   Page

Um nome inscrito no céu

Um nome inscrito no céu
A   name   inscribed in -the- heaven

Era uma vez um pobre mendigo, que bateu
(There) was one time a   poor   beggar   that knocked

à porta duma humilde cabana a pedir esmola,
at the door of a   humble   hut   to ask for   alm(s)

para poder continuar a sua viagem. Mas não
to   be able to continue -the- his   road   But   not

vendo, nem ouvindo ninguém, abriu a porta
seeing not hearing   no one (he) opened the   door

de mansinho e entrou no casebre; viu
of   gentle   and (he) entered in the   shack   (he) saw
    gently

então uma pobre velhinha muito doente, que lhe
then   a   poor old woman very   sick   that him

disse:
said

"Ai! não te posso dar nada, porque nada tenho."
Ai / not / you / (I) can / give / nothing / because / nothing / (I) have

E foi-se embora o mendigo, voltando
And / went himself / away / the / beggar / (re)turning

dali a instantes, a bater à mesma porta.
from there / at / instants / to knock / at the / same / door

"Pelo amor de Deus!" gritou a velhinha, "já te
By the / love / of / God / shouted / the / old woman / already / you

disse que não tenho nada que te dar."
(I) told / that / not / (I) have / nothing / that / you / give (to)

"Foi por isso que eu voltei," disse em voz baixa
(It) was / for / that / that / I / returned / said / in / voice / low

o mendigo.
the / beggar

E, aproximando-se da velha carinhosamente,
And / approaching himself / of the (to the) / old one / tenderly

tirou do bolso, pondo-os em cima da mesa,
took / from the / pocket / setting them / in / top / of the / table

muitos bocados de pão e algumas moedas de
many pieces of bread and some coins of

dez réis, que lhe tinham dado depois de ter
ten reis that him (they) had given after of to have

estado com a velha a primeira vez.
been with the old one the first time

"Aqui te fica isto, santinha," disse-lhe ele
Here you remains this saintly woman said her he

afetuosamente, indo-se embora sem que a
affectuously going himself away without that the

pobre mulher tivesse tempo de lhe agradecer.
poor woman had time of him to thank

Não sabemos qual era o nome do mendigo;
Not (we) know which was the name of the beggar

mas os anjos escrevê-lo-ão no Paraíso, e mais
but the angels will write it in the Paradise and -more-

tarde nós o viremos a saber.
later we it shall go to know
(shall get)

Qual será rei?

Qual será rei?
Who will be king

Morreu uma vez um rei, deixando quatro filhos,
Died one time a king leaving (behind) four sons

e sem ter designado o sucessor. Reuniu-se
and without to have designated the successor Gathered itself
(his)

a corte, e decidiu-se que a coroa devia
the court and decided itself that the crown must

pertencer, não ao mais velho dos quatro filhos,
belong not to the most old of the four sons

mas sim ao mais digno.
but indeed to the most worthy

Resolveram além disso que o cadáver do rei
(They) resolved further of this that the body of the king

fosse posto de pé contra um muro, e que o
was posted of foot against a wall and that the
    set up

príncipe que acertasse melhor com uma flecha
prince that hit (it) best with an arrow

naquele alvo, seria o escolhido para sucessor.
in that target would be the chosen one for successor

Começou o mais velho. Esticou a corda do
Started the most old (He) stretched the rope of the

arco, apontou durante muito tempo, e a flecha
bow pointed during much time and the arrow

foi atravessar a mão esquerda do defunto. O
went to traverse the hand left of the deceased The

príncipe soltou grito de alegria, cuidando que
prince uttered (a) shout of joy caring that
    (expecting)

seus irmãos atirariam pior, e que, por
his brothers would shoot worse and that for
    (as)

conseguinte, seria ele quem viria a reinar.
consequence (it) would be he whom would go to reign

O segundo acertou em cheio na cara do rei,
The second struck -in- full in the face of the king

soltando um grito ainda mais alegre do que o
uttering a shout even more happy of the that the
than

outro príncipe.
other prince

O terceiro varou o coração de seu pai, e
The third swept (into) the heart of his father and

os seus gritos de triunfo quase que chegavam
-the- his shouts of triumph almost that reached

ao céu, porque lhe parecia impossível acertar
to the heaven because him (it) seemed impossible to hit

melhor.
better

Quando chegou a vez do quarto filho, tiveram
When arrived the turn of the fourth son (they) had

de lhe meter nas mãos as flechas e o arco:
of him to put in the hands the arrows and the bow

mas, desde que olhou para o alvo, arrojou as
but from that (he) looked at the target (he) threw the

armas longe de si, e desatou a chorar:
weapons away from himself and untied to cry

"Oh! meu pai! meu querido pai!" exclamou ele,
Oh my father my dear father exclaimed he

"como poderei eu jamais consolar-me de ver o
how could I ever console myself of to see -the-

teu corpo crivado de flechas pela mão de teus
your body riddled of arrows by the hand of your
(with)

próprios filhos!"
own sons

Os grandes da corte ouvindo isto
The greats of the court hearing this

proclamaram-no rei, como sendo o mais digno.
proclaimed him king as being the most worthy

9

Os cinco sonhos

Os cinco sonhos
The five dreams

Andando um dia Carlos Magno à caça com
Going one day Charles (the) Great at the hunt with
Charlemagne

uma comitiva numerosa, perseguiu um veado, que
a committee numerous persecuted a deer that
(chased after)

dava tais saltos, e corria por tal forma, que,
give such jumps and ran by such form that
(a way)

apesar da ligeireza do seu cavalo, o rei
in spite of the lightness of -the- his horse the king

perdeu-lhe completamente a pista. Foi só
lost it completely the track (It) was only

então que viu que estava só, tendo a sua
then that (he) saw that (he) was alone having -the- his
(seeing)

corte ficado muito para trás; sentindo-se
court remained much -to- behind feeling himself

fatigado, entrou ao cair da noite numa
fatigued (he) entered at the falling of the night in a
(tired)

choupana solitária no meio da floresta. Em
hut solitary in the middle of the forest In

roda da lareira estavam deitados quatro ladrões.
round of the fireplace were lying four thieves

Os salteadores levantaram-se logo, como
The robbers rose themselves then as

despertados pelo barulho da entrada do
awakened by the noise of the entrance of the

viajante; cada um deles tinha tido um sonho, que
traveler each one of them had had a dream that

lhe quiseram logo contar.
him (they) wanted then to tell

O primeiro que tomou a palavra exprimiu-se
The first one that took the word expressed himself

desta maneira:
of this   way

"No   meu sonho, tirava eu o capacete de ouro
In -the- my   dream   took   I   the   helmet   of   gold

à   pessoa que acaba de entrar aqui, e
to the   person   that   finished   of   to enter   here   and

punha-o   na   minha cabeça."
put it   on -the-   my   head

"Eu," disse o outro, "sonhei que   vestia   a   sua
I   said   the   other   dreamed   that   (I) dressed -the-   his

couraça."
breastplate

"E eu que estava pondo   o   seu manto."
And   I   that   (I) was   putting on -the-   his   mantle

"E eu," disse o   quarto ladrão, "para lhe fazer
And   I   said   the   fourth   thief   to   him   to do

favor, passava em roda   do   meu pescoço aquela
(a) favor (I) passed   in   round   of -the-   my   neck   that

pesada cadeia de ouro, da qual está
heavy *chain* *of* *gold* *from -the-* *which* *is*

pendurada a sua trompa de caça."
hung *-the-* *his* *horn* *of* *hunting*

"Vejo bem," disse o imperador, "que têm
(I) see *well* *said* *the* *emperor* *that* *(you) have*

tenção de me roubar tudo, e mesmo a
(the) temptation *of* *me* *to rob* *all* *and* *even* *the*

vida. Reconheço que estou em poder de vocês, e
life *(I) recognize* *that* *(I) am* *in* *power* *of* *you* *and*

que toda e qualquer resistência seria inútil. Não
that *all* *and* *any* *resistance* *will be* *useless* *Not*

lhes peço senão uma coisa, é que me deixem
you *(I) ask for* *if not* *one* *thing* *is* *that* *me* *let*

tocar pela última vez na minha trompa de
play *for the* *last* *time* *on -the-* *my* *horn* *of*

caça."
hunting

Os salteadores responderam que consentiam, visto
The robbers answered that (they) consented seen

que o último pedido dum moribundo deve ser
that the last wish of a dying man should be

respeitado.
respected

Carlos Magno levou à boca a sua magnífica
Charle- magne raised to the mouth -the- his magnificent

trompa de marfim, e tirou dela sons tão fortes
horn of ivory and drew from it sounds so loud

e sonoros, que em menos dalguns minutos todos
and strong that in less of some minutes all
(than a few)

os seus companheiros de caça e a sua
-the- his companions of hunting and -the- his

comitiva estavam ao pé dele.
entourage were at the feet of him

"Agora," disse o imperador, dirigindo-se aos
Now said the emperor directing himself to the

15

salteadores, "agora também eu devo contar o
robbers   now   also   I   must   tell   the

sonho que tive. Sonhei que vocês todos iam
dream   that   (I) had   (I) dreamed   that   you   all   went

ser enforcados diante deste casebre."
to be   hanged   in front   of this   hut

E o sonho realizou-se imediatamente.
And the dream   realized itself   immediately

Os pequenos no bosque

Os pequenos no bosque
The little ones in the woods

Um dia três pequenos iam juntos para a
One day three little ones went together to -the-

escola, e disseram uns aos outros, que não
school and said (the) ones to the others that not
to each other

havia nada no mundo mais aborrecido que
had nothing in the world more boring that
(there was) (than)

estudar: "Vamos para o bosque que
to study (We) go to the forest (so) that
(Let's go)

encontremos lá toda a espécie de lindos
(we) encounter there all the sort(s) of beautiful

bichinhos, que não fazem outra coisa senão
critters that not do (an)other thing if-not
(than)

brincar, e nós brincaremos com eles."
play and we will play with them

Foram logo, e passaram sem fazer caso
(They) went then and passed without to make case

ao pé da ativa formiga e da abelha
at the foot of the active ant and of the bee

diligente. Mas o besouro, que eles convidaram a
diligent But the beetle that they invited to

vir jogar, disse-lhes:
go play told them

"Brincar? Preciso construir com estas ervas uma
Play (I) must build with these plants a

ponte nova, porque a outra já não está
bridge new because the other already not is
(anymore)

sólida."
sold

"Eu," disse o rato, "tenho que fazer as minhas
I said the rat have to make -the- my

provisões para o Inverno."
provisions for the Winter

"Eu," disse dali a pomba, "tenho muitas coisas
I said from there a dove have many things

que levar para o meu ninho."
to bring for -the- my nest

"Eu," disse a lebre, "gostava bem de me ir
I said the hare like well of me to go

divertir com vocês, mas ainda hoje não lavei o
entertain with you but still today not washed -the-

meu focinho. Antes de mais nada, tenho que fazer
my snout Before of more nothing (I) have to make

a minha 'toilette.'"
the my toilette
(wash up)

"E tu, lindo regato," disseram os pequenos
And you beautiful stream said the little

desertores, "que passas o tempo a saltar e a
deserters that (you) pass the time to jump and to

tagarelar, também não queres brincar connosco?"
babble   also   not   (you) want   play   with us

"Estes pequenos são tolos," disse o regato.
These   little ones   are   fools   said   the   stream

"Como? Vocês então imaginam que eu não tenho
How   You   then   imagine   that   I   not   have

que fazer? De noite ou de dia, não descanso
what   to do   Of   night   or   of   day   not   (I) rest
(anything)   (At)   (in the)

nem um momento. Tenho que dar de beber aos
not   a   moment   (I) have   that   give   of   to drink   to the
      (to)

homens e aos animais, às colinas, aos vales,
men   and   to the   animals   to the   hills   to the   valleys

aos campos e aos jardins. Tenho que apagar
to the   fields   and   to the   gardens   (I) have   that   extinguish
      (to)

os incêndios, tenho que fazer mover as forjas, os
the   fires   (I) have   that   make   move   the   forges   the
    (to)

moinhos, as serralharias. Nem hoje acabara, se
mills   the   locksmiths   Not   today   (I) would finish   if

lhes quisesse contar o que tenho que fazer. Não
you (I) wanted to tell it that (I) have that do Not
(to)

posso perder um instante. Adeus, adeus. Estou
(I) can loose a moment Goodbye goodbye (I) am

com muita pressa."
with much haste
in a hurry

Os pequenos, desconcertados, puseram-se a olhar
The little ones disconcerted set themselves to look

para o ar, e viram um pintassilgo, em cima
towards the air and saw a goldfinch in top

dum ramo.
of a branch

"Olha! tu, que não tens nada que fazer,
Look you that not (you) have nothing that do
(to)

queres brincar connosco?"
(you) want to play with us

"Nada que fazer? vocês estão a mangar comigo,"
Nothing that do you are to dupe with me
(to)

disse o pintassilgo. "Todo o dia tenho que
said the goldfinch All the day (I) have that (to)

apanhar moscas para comer. Tenho além disso que
catch flies to eat (I) have also of this that

tomar parte no concerto dos passarinhos, tenho
to take part in the concert of the birds (I) have

que alegrar o operário com o meu chilrear,
that make happy the worker with -the- my chirping
(to) (brighten)

e tenho que adormecer as crianças com uma
and (I) have that make sleep the children with an
(to)

outra cantiga, que à noite e de madrugada
other song that at the night and of morning

celebre a bondade do Criador. Ide-vos embora,
celebrates the goodness of the Creator Go you away

preguiçosos, ide cumprir o vosso dever, e não
lazy ones go accomplish -the- your duty and not

tornem a vir incomodar os habitantes das
return to go disturb the inhabitants of the

florestas, que cada um tem a sua tarefa a
forests that each one have -the- their assignment to
(role)

desempenhar."
play

Os pequenos aproveitaram a lição, e
The little ones took in the lesson and

compreenderam que o prazer só é legítimo,
understood that the pleasure only is legitimate

quando é a recompensa do trabalho.
when (it) is the reward of the work

O primeiro pecado de Margarida

O primeiro pecado de Margarida
The first sin of Margaret

Chamava-se Margarida, e estavam
(She) called herself Margaret and (they) were

à espera dela no céu, porque Deus tinha
at the wait of her in -the- heaven because God had
waiting for her

dito: "É uma boa alma, e, como lá em
said (She) is a beautiful soul and as there in

baixo no mundo lhe pode acontecer alguma
low · in the world her could happen some

desgraça, vou trazê-la um destes dias para o
disgrace (I) will bring her one of these days to -the-

paraíso."
paradise

Margarida era uma virgem cândida, matinal como
Margaret was a vrgin candid morning like
(an early riser)

a aurora, fresca como ela; todos os dias
the dawn fresh as she all the days

ao acordar rezava as orações, que sua mãe
at the to wake up (she) prayed the prayers that her mother
at waking up

lhe tinha ensinado, e vestia-se depois na
her had taught and dressed herself after in -the-

sua pequenina alcova. E, como não tinha joias
her tiny alcove And as not (she) had jewels

preciosas nem ricos adornos, dispensava o
precious nor rich adornments dismissed the
(didn't need)

espelho.
mirror

Depois disto, para viver honradamente, punha-se
After of this to live honorably (she) put herself

a trabalhar.
to work

E,   ao   mesmo   tempo cigarra e   abelha,
And at the same   time   cicade and   bee

trabalhava cantando uma   bela   canção de amor
(she) worked singing   a   beautiful song   of   love

e   de glória, que   já   embalara muitos berços,
and of   glory   that already rocked   many   cribs

e   que   podia   sensibilizar uma   alma   inocente,
and that   could   touch   a   soul   innocent

sem lhe perturbar a   limpidez.
without it to disturbe the cleanliness

Numa   tarde   de Verão, estava ela sentada   à
On an afternoon of Summer   was   she   seated   at the

porta de   casa   fiando linho,   à   hora em que
door   of (the) house spinning   flax   at the hour   in   that

as   estrelas começam   a   aparecer, uma   a   uma
the   stars   started   to   appear   one   by   one

no   firmamento.
on the   firmament

Estava Margarida cantando a sua canção,
Was Margaret singing -the- her song
Margaret was

quando passou por ali uma das suas vizinhas,
when passed by there one of -the- her neighbors

que ia a uma romaria, muito asseada, com
that went to a pilgrimage very neat with
(finely outfitted)

um vestido novo. Parou diante de Margarida,
a dress new (She) stood in front of Margaret

para que lhe admirasse os seus brincos e o
for that her (she) admired -the- her earrings and the

colar de ouro que levava ao pescoço;
necklace of gold that (she) carried at the neck

apertou-lhe a mão para que visse bem o
(she) opened for her the hand for that (she) saw well the

anel que brilhava no seu dedo, e foi-se
ring that shone on -the- her finger and went herself

embora a rir, toda contente. E Margarida
away to laugh all satisfied And Margaret

foi-a seguindo com um olhar de inveja, o que
went her following with a glance of envy it that

inquietou no paraíso o seu anjo da guarda.
worried in the paradise -the- her angel of the guard
guardian angel

O fio de linho já não passava tão
The yarn of flax already not passed so

rapidamente entre os dedos de Margarida, a
rapidly between the fingers of Margaret the

roda cessara o seu barulho monótono, e o
wheel stopped -the- its sound monotonous and the

fuso caíra-lhe das mãos.
spindle fell her from the hands

Ao cair o fuso despertou do êxtase,
At the to fall the spindle (her) woke from the ecstasy
At the falling of

abriu os olhos, e viu diante de si um
(she) opened the eyes and saw in front of herself a

cavaleiro magnificamente vestido, tendo na mão
knight magnificently dressed having in the hand

um gorro de veludo preto, com uma pluma
a bonnet of velvet black with a feather

vermelha, da cor do fogo. O cavaleiro
red of the (with a) color of -the- fire The knight

saudou-a respeitosamente, e, com uma voz
saluted her respectfully and with a voice

harmoniosa e galanteadora, perguntou-lhe:
harmonious and galant asked her

"Qual é o caminho da cidade?"
Which is the road of the (to the) city

Margarida estendeu a mão para lho indicar, e
Margaret extended the hand to him indicate and

o forasteiro inclinando-se tirou do dedo um
the stranger bending himself pulled from the finger a

anel de ouro com um diamante, que brilhava como
ring of gold with a diamond that shone like

uma estrela, e meteu-o no dedo de Margarida,
a star and put it on the finger of Margaret

que o achou mais belo do que o anel da
that it found more beautiful of it that the ring of -the-
than

sua companheira. O rosto do cavaleiro
her companion The face of the knight

alumiou-se então com um sorriso estranho e
lit itself then with a smile strange and

diabólico.
diabolical

Nisto passou por ali um mendigo coberto de
In this passed by there a beggar covered of
(with)

farrapos, parou diante de Margarida, e pediu-lhe
rags stopped in front of Margaret and asked her

uma esmola.
(for) an alm

Margarida tirou do dedo o anel, e
Margaret pulled from the finger the ring and

ofereceu-o ao pobre desgraçado.
offered it to the poor wretch

O cavaleiro então, soltando um grito de cólera,
The knight then uttering a scream of anger

ia lançar-se sobre Margarida, mas o
went to launch himself on Margaret but the

mendigo que era o seu anjo da guarda
beggar that was -the- her angel of the guard
                                  guardian angel

disfarçado cobriu-a com as asas. E o cavaleiro,
disguised covered her with the wings And the knight

isto é, Satanás, que tinha vindo para a tentar,
this is Satan that had come to her tempt
that is

recuou aniquilado diante do espírito celeste.
fell back destroyed in front of the spirit heavenly

João Pateta

João Pateta
Joano (the) Fool
(John)

João era filho duma pobre viúva, bom rapaz, mas
Joano was son of a poor widow (a) good boy but

um pouco simplório. A gente da aldeia
a bit simple The people of the village
           (a simpleton)

chamava-lhe por brincadeira João Pateta. Um dia
called him for (a) joke Joano (the) Fool One day
        (as)

sua mãe mandou-o à feira comprar uma
his mother sent him to the fair to buy a
           (market)

foice. À volta, começou a andar com a foice
scythe At the return (he) started to walk with the scythe

à roda, de maneira que a foice caiu em cima
at the wheel of manner that the scythe fell in top
swiping around so (on)

duma ovelha, e matou-a.
of a / sheep / and / killed it

"Pateta," disse-lhe sua mãe, "o que deverias ter
Fool / told him / his / mother / it / that / (you) should / have

feito era pôr a foice em um dos carros de
done / was / put / the / scythe / in / one / the / carts / of (with)

palha ou de feno dalgum dos vizinhos."
straw / or / of / hay / of one / of the / neighbors (with)

"Perdão, mãe," respondeu humildemente João,
Pardon (me) / mother / answered / humbly / Joano

"para a outra vez serei mais esperto."
for / the / other / time / (I) will be / more / smart
the next

Na semana seguinte mandaram-no comprar
In the / week / following / (they) sent him / to buy

agulhas, recomendando-lhe que as não
needles / recommending him / that / them / not

perdesse.
(he) lost
(he would loose)

"Fique descansada." E voltou todo orgulhoso.
Remain rested And (he) returned all proud
Don't worry

"Então, João, onde estão as agulhas?"
Then Joano where are the needles

"Ah! estão em lugar seguro. Quando saí
Ah (they) are in (a) place secure When (I) exited

da loja em que as comprei, ia a passar
from the place in what them (I) bought came to pass

o carro do vizinho carregado de palha; meti
the cart of the neighbor loaded of straw (I) put

lá as agulhas, não podem estar em sítio
there the needles not (they) can be in (a) place

melhor."
better

"Decerto, estão em lugar de tal modo seguro,
Certainly (they) are in (a) place of such manner secure
a secure manner

que não há meio de as tornar a ver.
that not has means of them to return to see
(there is) to see them again

Devias tê-las espetado no chapéu."
(You) should have had them stuck in -the- hat

"Perdão," respondeu João, "para a outra vez, hei
Pardon (me) answered Joano for the other time have
the next

de ser mais esperto."
of to be more smart

Na outra semana, por um dia de calor, João foi
In the other week for a day of heat Joano went
(at)

dali uma légua comprar uma pouca de
from there a league to buy a bit of

manteiga. Lembrando-se do último conselho de
butter Remembering himself of the last counsel of

sua mãe, pôs a manteiga dentro do chapéu
his mother (he) put the butter inside of the hat

e o chapéu na cabeça. Imagine-se o
and the hat on the head Imagine yourself the

estado em que voltou para casa, com a cara
state in that (he) returned to home with the face

a escorrer manteiga derretida.
to   run   butter   melted
 running with melted butter

A   mãe   já   tinha medo de   o   mandar   fazer
The mother already had   fear of him to send   to do

qualquer recado. No   entanto um   dia resolveu-se
  any   message In the meanwhile one day resolved herself

a mandá-lo   à   feira vender duas galinhas.
to send him to the fair   to sell   two   chickens
                     (market)

"Ouve   bem,   não   vendas   pelo   primeiro   preço.
Hear   well   not   sell   for the   first   price

Espera que te ofereçam outro."
 Wait   that you (they) offer (an)other

"Está entendido," respondeu João.
(It) is   understood   answered   Joano

Foi   para   a   feira. Um freguês   chegou-se
(He) went to   the market A customer   approached himself

a ele.
to him

"Queres seis tostões por essas galinhas?"
(You) want six pennies for these chickens

"Ora adeus! minha mãe recomendou-me, que não
Now to-god my mother recommended me that not
(goodbye)

aceitasse o primeiro preço, mas que esperasse o
(I) accepted the first price but that (I) awaited the

segundo."
second

"E tens muita razão. Dou-te um cruzado."
And (you) have much reason (I) give you one coin

"Está bem. Parece-me que tinha feito melhor em
(That) is well (It) seems to me that (I) had done better in

aceitar o primeiro, mas, como cumpro as
to accept the first but as (I) accomplish the

ordens de minha mãe, ela não tem que me
orders of my mother she nothing has that me
(with)

ralhar."
to bother

Depois disto, João foi condenado a ficar em casa.
After of this Joano was condemned to stay in house

Sua mãe sabia que mangavam com ele, e
His mother knew that (they) swiped with him and
(they made fun) (of)

se riam dela. Uma manhã quis fazer
themselves laughed of it One morning (she) wanted to do

uma experiência, e disse-lhe:
an experiment and told him

"Vai vender este carneiro à feira. Mas não te
Go to sell this lamb at the market But not you

deixes enganar. Não o entregues senão a quem te
let fool Not it give if-not to whom you
(be fooled)

der o preço mais elevado."
gives the price most high

"Está bem, agora entendo, e sei o que hei
(That) is good now (I) understand and (I) know it that have

de fazer."
of to do

"Quanto queres por esse carneiro?"
How much (you) want for this lamb

"Minha mãe disse-me que o não vendesse senão
My mother told me that it not (I) sold if-not

 pelo preço mais elevado."
for the price most high

"Quatro mil réis?"
Four thousand reis

"É o preço mais elevado?"
Is (that) the price most high

"Pouco mais ou menos."
Little more or less

"É minha a lã e o carneiro," disse um rapaz
(It) is mine it there and the lamb said a boy

que trepara a uma escada.
that climbed at a ladder

"Quanto?"
How much

"Dez tostões:"
Ten   pennies

"É   menos," respondeu timidamente o   João.
(That) is   less   answered   timidly   -the- Joano

"Sim, mas vês até onde chega esta escada. Em
Indeed but   see until where arrives this   ladder   In

toda a   feira não   há   um preço mais elevado."
all   the market not   has   a   price   more   elevated
                        (there is)

"Tem   razão. É   seu   o   carneiro."
(You) are   right   (It) is yours the   lamb

Desde esse dia   o   João Pateta não tornou a ser
From   that day -the- Joano   Fool   not   returned to be

encarregado de vender ou comprar coisa alguma.
charged   of to sell   or   buy   thing   any
(asked)

O chapelinho encarnado

O chapelinho encarnado
The little hat red

Era uma vez uma rapariguinha muito bonita
(There) was one time a little girl very pretty

e cheia de bondade, a quem sua mãe e sua
and full of goodness and whom her mother and her

avó adoravam extremosamente.
grandmother adored extremely

A boa da avozinha, que passava o tempo a
The good of the granny that passed the time to
The good grandmother

imaginar o que poderia agradar à neta,
imagine it that could please to the granddaughter

deu-lhe um dia um chapéu de veludo vermelho.
gave her one day a hat of velvet red

A pequenita andava tão contente com o seu
The little one went so happy with -the- her

chapéu novo, que já não queria pôr outro,
hat new that already not (she) wanted for other

e começaram a chamar-lhe a menina do
and (they) started to call her the girl of the

chapelinho encarnado.
little hat red

A mãe e a avó moravam em duas
The mother and the grandmother lived in two

casas separadas por uma floresta de meia légua
houses separated by a forest of half (a) league

de comprido. Uma manhã a mãe disse à
of length One morning the mother said to the

pequenita:
little one

"Tua avó está doente, e não pôde vir
Your grandmother is sick and not can come

ver-nos. Eu fiz estes doces, vai levar-lhos tu
to see us   I   made   these   sweets   go   bring them   you
(pastries)

com esta garrafa de vinho. Toma cuidado não
with   this   bottle   of   wine   Take   caution   not
{arab: gurfa}

quebres a garrafa, não andes a correr, vai
break   the   bottle   not   go   to   run   go

devagarinho e volta logo."
slowly   and   return   soon

"Sim, mamã," respondeu ela, "hei-me fazer tudo
Yes   Mama   replied   she   (I) have-myself   to do   all
I will do

como deseja."
like   (you) wish

Atou o seu avental, meteu num cestinho a
(She) tied   -the-   her   apron   but   in a   basket   the

garrafa e os doces, e pôs-se a caminho. No
bottle   and   the   sweets   and   put herself   on   (the) road   In the

meio da floresta um lobo aproximou-se dela.
middle   of the   forest   a   wolf   approached himself   of her

A   pequenita, que nunca vira lobos, olhou para ele
The   little one   that   never   saw   wolves   looked   at   him

sem   medo algum.
without   fear   any

"Bons dias, chapelinho encarnado."
Good   days   little hat   red

"Bons dias, meu senhor," respondeu delicadamente
Good   days   my   sir   answered   gently

a   pequena.
the   little one

"Onde vais tão cedo?"
Where   (you) go   so   early

"A casa da minha avó que está doente."
The   house   of the   my   grandmother   that   is   sick

"E levas-lhe alguma coisa?"
And   (you) bring her   some   thing

"Levo sim, senhor; levo-lhe uns bolos e uma
(I) bring   indeed   sir   (I) bring her   some   buns   and   a
(I do)

garrafa de vinho para lhe dar forças."
bottle of wine for her to give strengths

"Diz-me onde mora a tua avó, que
Tell me where lives -the- your grandmother that

também a quero ir ver."
also her (I) want to go see

"É perto, aqui no fim da floresta. Há ao
(It) is close here in the end of the forest Has at the
                    (at the)   (It is)

pé uns carvalhos muito grandes, e no
feet (of) some oaks very large and in the

jardim há muitas nozes."
garden has many nuts
        (there are)

'Ah! tu é que és uma bela noz,' disse consigo
Ah you are that is a good nut said with-himself
                                        (to himself)

o lobo. 'Como eu gostava de te comer.' Depois
the wolf How I liked of you to eat After
                (would like)   to eat you

continuou em voz alta: "Olha, que bonitas árvores
(he) continued in voice loud Look what pretty trees

e que lindos passarinhos. Como é bom
and what beautiful birds How (it) is good

passear nas florestas, e então que quantidade de
to stroll in the forests and then what quantity of

plantas medicinais que se encontram!"
plants medical that themselves encounter
you can find

"O senhor, é com certeza um médico,"
Oh sir (you) are with certainty a doctor

respondeu a inocente pequenita, "visto que
answered the innocent little one seen that

conhece as ervas medicinais. Talvez me
(you) recognize the plants medical Maybe me

pudesse indicar alguma que fizesse bem a
(you) can indicate some that made well -the-
(would make)

minha avó."
my grandmother

"Com certeza, minha filha, olha, aqui está uma,
With certainty my daughter look her is one

e esta também, e aquela." Mas todas as
and this one as well and that one But all the

plantas que o lobo indicava, eram plantas
plants that the wolf indicated were plants

venenosas. A pobre criança, queria-as apanhar
poisonous The poor child wanted them to pick

para as levar a sua avó.
for to bring to her grandmother

"Adeus, meu lindo chapelinho encarnado,
Bye my beautiful little hat red

estimei muito conhecer-te. Com grande pena
(I) esteemed much to know you With great pain
it was great

minha, tenho de te deixar para ir ver um
(of) mine (I) have of you to leave for to go see a

doente."
sick one
(patient)

E pôs-se a correr em direção da casa
And (he) put himself to run in direction of the house

da   avó,   enquanto   que   a   pequerrucha
of the   grandmother   while   that   the   little-cap

se   entretinha em apanhar as plantas que ele
herself   entertained in to pick the plants that he

tinha indicado.
had   indicated

Quando o lobo chegou à porta da velha,
When   the wolf arrived at the door of the old one

achou-a fechada e bateu, mas a   avó   não
(he) found it closed and knocked but the grandmother not

se podia levantar da cama, e perguntou:
herself could raise from the bed and asked

"Quem está aí?"
Who   is there

"É   o chapelinho encarnado," respondeu o lobo
(It) is the little hat red   answered the wolf

imitando a voz da pequerrucha. "A mamã
imitating the voice of the little-hat The mama

manda-te bolos e uma garrafa de vinho."
sends you buns and a bottle of wine

"Procura debaixo da porta," disse a avó,
Search under -of- the door said the grandmother

"que encontrarás a chave."
that (you) will encounter the key

Encontrou-a, abriu a porta, engoliu duma bocada
(He) found it opened the door swallowed of one bite
(in one)

a pobre velha inteira, e depois, vestindo o
the poor old one entirely and after dressing the

fato que ela costumava usar, deitou-se na cama.
suit that she used to use lay himself in the bed

Pouco depois entrou a pequenita, assustada e
Little after entered the little one scared and

admirada de encontrar a porta aberta, porque
surprised of to find the door open because

sabia o cuidado com que a avó a
(she) knew the care with that the grandmother it

49

costumava   ter   fechada.
used   to have   closed

O   lobo tinha posto uma touca na   cabeça, que
The wolf   had   put   a   cap on the head that

lhe escondia uma parte do focinho, mas o que
him concealed a   part of the snout   but it that

lhe ficava descoberto era horrível.
him remained uncovered was horrible

"Ai! avozinha," disse a criança, "porque tens tu as
Ai   granny   said the child   why   have you the

orelhas tão grandes?"
 ears   so   large

"É   para te ouvir melhor, minha filha."
(It) is for ou to hear better   my   daughter

"E porque estás com uns olhos tão grandes?"
And why are (you) with -a- eyes so   large

"É   para te ver melhor."
(It) is for you to see better

"E para que estás com os braços tão grandes?"
And for what are (you) with the arms so large

"É para te poder abraçar melhor."
(It) is for you to be able to embrace better

"E Jesus! para que tens hoje uma boca tão
And Jesus for what have (you) today a mouth so

grande e uns dentes tão agudos?"
large and -a- teeth so sharp

"É para te comer melhor." A estas palavras o
(It) is to you eat better At these words the

lobo arremessou-se à pobre pequena, e
wolf threw himself at the poor little one and

engoliu-a. Como estava repleto, adormeceu, e
swallowed her As (he) was full (he) slept and

começou a ressonar muito alto. Um caçador que
started to snore very loud A hunter that

passava por acaso, perto da casa, e que ouviu
passed by chance close of the house and that heard

aquele barulho, disse consigo: "A pobre velha
that noise said with-himself The poor old one
(to himself)

está com um pesadelo, está pior talvez, vou ver
is with a nightmare (she) is worse maybe (I) go to see

se precisa dalguma coisa." Entra, e vê o
if (she) needs of any thing (He) entered and saw the

lobo estendido na cama.
wolf stretched out on the bed

"Olá, meu menino," diz ele: "há muito tempo
Hello my boy said he has much time
(it has been)

que te procuro."
that you (I) searched

Armou a sua espingarda, mas parando logo:
(He) armed -the- his shotgun but stopping soon

"Não," disse ele, "não vejo a dona da casa.
No said he not (I) see the lady of the house

Talvez o lobo a engolisse viva." E em lugar de
Maybe the wolf her swallowed alive And in place of

matar o animal com uma bala, pegou na sua
to kill the animal with a bullet (he) took on the his

faca de mato, e abriu-lhe cuidadosamente a
knife of kill and opened it carefully the

barriga. Apareceu logo o chapelinho encarnado e
belly Appeared soon the little cap red and

saltou para o chão, gritando:
jumped to the ground yelling

"Ai! que sítio medonho onde eu estive fechada!"
Ai what place ghastly where I was closed (in)

A avó saiu também contentíssima por ver
The grandmother exited as well very happy for to see

outra vez a luz do dia.
(an)other time the light of -the- day

O lobo continuava a dormir profundamente, e
The wolf continued to sleep deeply and

o caçador meteu-lhe então duas grandes pedras
the hunter put him then two large stones

na barriga, coseu tudo, e escondeu-se
in the belly sewed (up) everything and hid himself

com a avó e a neta para
with the grandmother and the granddaughter for

verem o que se ia passar.
(that they) see it that itself went to pass
(to happen)

Decorrido um instante o lobo acordou, e como
Ran off an instant the wolf woke up and like
(Having passed)

tinha sede, levantou-se para ir beber ao lago.
(he) had thirsty rose himself for to go drink at the lake
(he was)

Ao andar ouvia as pedras baterem uma na
At the to go (he) heard the rocks bump one in(to) the

outra, e não podia compreender o que aquilo
other and not could understand it that that

era; com o peso, caiu no lago, e
was like a weight (he) fell in(to) the lake and

afogou-se.
drowned himself

O caçador tirou-lhe a pele, comeu os bolos e
The hunter pulled him the skin ate the buns and

bebeu o vinho com a velha e a sua
drank the wine with the old one and -the- her

neta. A velha sentia-se remoçar, e o
granddaughter The old one felt herself removed and the
(healed)

chapelinho encarnado prometeu não tornar a
little hat red promised not to return to

passar na floresta, quando sua mãe lho
pass in the forest when her mother her

proibisse.
forbid

Branca de Neve

Branca de Neve
White of Snow

Era uma vez uma rainha, que se lastimava
(There) was one time a queen that herself grieved

por não ter filhos. Um dia de Inverno, enquanto
for not to have children One day of Winter while

bordava num bastidor de ébano
(she) embroidered on a (embroidery) frame of ebony

olhando de vez em quando pela janela, para
looking from time in when through the window to
from time to time

ver cair os flocos de neve no chão, distraída,
see fall the flakes of snow on the ground distracted

picou-se num dedo e saiu uma
(she) pricked herself in a finger and (there) came out a

gota de sangue.
drop of blood

"Como eu desejaria ter uma filha, que tivesse
How I would like to have a girl that had

uns beiços tão vermelhos como este sangue, uma
some lips so red like this blood a

pele branca como esta neve, e uns cabelos
skin white like this snow and a hair

negros como este ébano."
black like this ebony

Algum tempo depois os seus desejos
Some time after -the- her desires

realizaram-se, e deu à luz uma filha,
realized themselves and (she) gave to the light a daughter
birth to

que tinha uma linda boca vermelha, cabelos
that had a beautiful mouth red hairs

negros e o corpo tão branco, que lhe
black and the body so white that her

chamavam Branca de Neve. Porém esta feliz mãe
(they) called White of Snow But this happy mother
Snowwhite

não gozou muito tempo da sua felicidade.
not enjoyed much time of -the- her happiness

Morreu, e o rei tornou a casar com uma
(She) died and the king returned to marry with a

mulher duma grande beleza, e dum orgulho não
woman of a great beauty and of a pride not

menos extraordinário. Era tão formosa que
less extraordinary (She) was so beautiful that

se considerava a mulher mais perfeita do
herself (she) considered the woman most perfect of the

universo. Algumas vezes fechava-se no seu
universe Some times (she) locked herself in -the- her

quarto, e colocando-se diante dum espelho
quarters and putting herself in front of a mirror

magico dizia-lhe:
magic spoke to it

"Meu fiel espelho, responde-me: qual é a
My faithful mirror answer me which is the
(who)

mulher mais linda que há no mundo?"
woman (the) most beautiful that has in the world
(there is)

"És tu," respondia o espelho.
(It) is you answered the mirror

No entanto Branca de Neve crescia, e de
-In the- meanwhile White of Snow grew (up) and from

dia para dia se tornava mais formosa. Tinha
day to day herself turned more beautiful Had
(grew) (She was)

apenas sete anos, e já ninguém a podia
only seven years (old) and already no one her could

ver sem ficar maravilhado. Um dia a
see without to remain amazed One day the

orgulhosa rainha, sentando-se diante do seu
proud queen seating herself in front of -the- her

espelho, disse-lhe:
mirror told it

"Meu fiel espelho, responde-me: qual é a
My faithful mirror answer me which is the
(who)

mulher mais linda que há no mundo?"
woman (the) most beautiful that has in the world
(there is)

"Não és tu, não és tu. Branca de Neve é
Not (it) is you not (it) is you White of Snow is
Snowwhite

mais linda."
(the) most beautiful

A estas palavras a orgulhosa rainha sentiu no
At these words the proud queen felt in the

coração uma dor aguda, como uma punhalada, e
heart a pain acute like a stab and

ao mesmo tempo sentiu um ódio mortal pela
at the same time felt a hatred mortal for the

inocente Branca. Não podia sossegar nem de
innocent White Not (she) could settle down neither by
(Snowwhite)

dia, nem de noite. Para satisfazer o seu ódio,
day nor by night For to satisfy -the- her hatred

chamou um criado, e disse-lhe:
(she) called a servant and told him

"Quero que Branca desapareça. Conduze-la à
(I) want that White disappears Lead her to the
(Snowwhite)

floresta, mata-a, e, para me provar que as
forest kill her and for me to prove that the
to prove to me

minhas ordens foram executadas pontualmente,
my orders were executed punctually

traz-me o coração."
bring me the heart

O criado levou Branca para o fundo da
The servant brought White to the depths of the
(Snowwhite)

floresta, pegou numa faca, e dispunha-se a
forest took on a knife and got ready himself to

executar a ordem que recebera. A pobre
execute the order that (he had) received The poor

criança chorava e lamentava-se, e pedia-lhe que
girl cried and lamented herself and asked him that
(to)

61

a não matasse, porque ela não tinha feito mal a
her not kill because she not had done bad to

ninguém, e queria viver. O criado, comovido
anyone and wanted to live The servant touched

com aquelas lágrimas, não teve coragem, e
with those tears not had heart and
(by)

abandonou-a na floresta, pensando que se as
abandoned her in the forest thinking that if the

feras a devorassem a culpa não era dele, mas
beast her devoured the guilt not was of him but

sim da rainha. Assim fez, e para mostrar
indeed of the queen So (he) did and for to show

o coração de Branca à rainha, matou um
the heart of White to the queen (he) killed a
(Snowwhite)

cabrito, e tirou-lhe o coração. A rainha ao
little goat and took out of it the heart The queen at the

ver aqueles despojos sangrentos ficou
to see those spoils bloody remained

contentíssima,   e   disse   consigo: Enfim,   morreu
utmost satisfied   and   said   by herself   Finally   died

a   minha   rival,   e   nenhuma   mulher   no   mundo
-the-   my   rival   and   no   woman   in the   world

é tão   bela   como eu.
is   so   beautiful   as   I

A   pobre   Branca,   abandonada   na   floresta,   não
The   poor   White   abandoned   in the   forest   not
        (Snowwhite)

tinha   morrido,   mas   estava   cheia   de   medo.   Pela
had   died   but   was   flooded   of   fear   For the

primeira   vez   na   sua   vida   punha   os   pés   nas
first   time   in -the-   her   life   (she) set   the   feet   on the

pedras,   e   andava   pelo   meio   do   mato   que
stones   and   went   through the   middle   of the   bush   that

lhe   rasgava   o   vestido,   e   pela   primeira   vez
her   tore   the   dress   and   for the   first   time

também   via   animais   ferozes.   Mas   as   feras   não
also   (she) saw   animals   ferocious   But   the   beasts   not

lhe faziam mal algum, o deixavam-na andar. No
her did harm any her left in the walk In the
(At the)

fim do dia tinha atravessado sete montanhas.
end of the day (she) had traversed seven mountains

À noite chegou ao pé duma casinha
At the night (she) arrived at the foot of a little house

muito pequenina. Estava morta de fome e de
very small (She) was dead of hunger and of
(starving)

sede. Entrou na casa, onde tudo estava muito
thirst (She) entered in the house where all was much

arranjado e muito limpo. Havia uma mesa
arranged and very clean Had a table
(in order) (There was)

pequena, e sobre a mesa, coberta com uma
small and on the table covered with a

toalha de brancura irrepreensível, sete pratos
cloth of whiteness impeccable seven plates

pequenos, sete garrafas pequenas, e ao longo
small seven forks small and at the length
along

da   parede   sete   camas   muito   pequeninas.
of the   wall   seven   beds   very   small

Branca   comeu   um   pouco   do   que   estava   nos
White   ate   a   bit   from it   that   was   in the
(Snowwhite)

pratos,   bebeu   uma   gota   de   vinho   de   cada   copo,
plates   drank   a   drop   of   wine   from   each   cup

deitou-se   na   cama,   rezou,   e   adormeceu
lay herself   in the   bed   prayed   and   fell asleep
(lay down)

profundamente.
deeply

Momentos   depois   os   donos   da   casa   entraram.
Moments   after   the   masters   of the   house   entered

Eram   sete   mineiros   pequeninos,   cada   um   com
(They) were   seven   miners   small   each   one   with

uma   lanterna   dependurada   na   cintura.   Viram
a   lantern   hanging   on the   belt   (They) saw

logo   que   tinham   gente   em   casa.   Um   deles   disse:
then   that   (they) had   people   in   house   One   of them   said

"Quem comeu o meu pão?"
Who ate -the- my bread

E os outros sucessivamente:
And the other successively

"Quem pegou no meu garfo?"
Who took -in the- my fork

"Quem comeu o meu caldo?"
Who ate -the- my broth

"Quem bebeu o meu vinho?"
Who drank -the- my wine

E enfim um deles:
And finally one of them

"Quem está aí deitado na minha cama?"
Who is here laid down in my bed
(lying)

Reuniram-se todos à roda do pequeno
(They) gathered themselves all at the wheel of the small
(board)

leito em que dormia Branca. À luz das
bed in that slept White at the light of the
(which) (Snowwhite)

lanternas viram o doce rosto da criança, que
lanterns (they) saw the sweet face of the girl that (who)

dormia tranquilamente, e afastaram-se
slept calmly and (they) backed off themselves

sem fazer bulha, para a não acordar. Branca
without to make (a) bustle for her not to wake White (Snowwhite)

no dia seguinte de manhã ficou um pouco
on the day next of morning got a little

assustada, quando viu perto de si aqueles
scared when (she) saw close of herself those

sete anões das montanhas. Mas eles disseram-lhe
seven dwarfs of the mountains But they told her

com brandura, que não tivesse medo, e
with gentleness that not (she) had to fear and

perguntaram-lhe donde vinha, e como se
asked her from where (she) came and how herself

chamava. Branca contou a sua triste história,
called White (Snowwhite) told -the- her sad history

e   os anões disseram-lhe:
and the dwarfs   told her

"Queres tu ficar connosco, para tomar conta
Do want   you to stay   with us   for   to take account
                                                    (care)

   da   nossa casa?"
of -the- our   house

"Da   melhor   vontade,"   respondeu   Branca,
Of   best   will   answered   White
                                        (Snowwhite)

completamente sossegada.
   completely   calmed

Começou logo o   seu serviço, e continuou-o
Started   then   -the- her   service   and continued she

regularmente todos os dias. Limpava os móveis,
  regularly   all   the days (She) cleaned the furniture

e fazia o jantar. Os anões iam trabalhar para
and made the dinner The dwarves went to work   to

as minas de ouro e de diamantes, e quando
the mines of gold and of   diamonds   and   when

voltavam   achavam   tudo   em ordem.
(they) returned encountered everything   in   order

Durante esse tempo a   rainha andava satisfeita,
During   that   time   the   queen   went   satisfied
                                      (was)

quando pensava que já   não tinha que recear
when   (she) thought that already not   had   that   envy
                                 (to)

uma rival.   Sentou-se   outra vez diante   do
a   rival   (She) seated herself (an)other time in front of -the-

seu espelho, e disse-lhe:
her mirror   and   said it

"Meu fiel espelho, não é verdade que eu sou
My   faithful mirror   not is (it)   true   that I   am

agora a mulher mais linda que   há   no
now   the woman most beautiful that has   in the
                                (there is)

mundo?"
world

E o espelho respondeu:
And the mirror   answered

"Sim, nos teus palácios e nos teus castelos,
Indeed in -the- your palaces and in -the- your castles

mas Branca está nas sete montanhas, e
but White is in the seven mountains and
   (Snowwhite)

Branca é mais linda do que tu."
White is more beautiful of the that you
(Snowwhite) than

Ouvindo esta resposta a orgulhosa rainha, sentiu
Hearing this answer the proud queen felt

de novo um golpe cruel, e determinou tornar a
of new a blow cruel and determined to return to

fazer desaparecer a inocente Branca. Mas de
make disappear the innocent White But of
   (Snowwhite) (in)

que modo? Uma manhã partiu disfarçada em
what manner One morning (she) left disguised as a
  (way)

vendedeira ambulante, com um cesto cheio de
saleswoman travelling with a basket full of

objetos de fantasia. Foi direita às sete
objects of fancy (She) went directly to the seven

montanhas, e bateu à porta da casinha,
mountains and knocked at the door of the little house

gritando: "Quem quer comprar bonitas joias?"
shouting Who wants to buy beautiful jewels

Os anões tinham recomendado a Branca que
The Dwarfs had recommended to White that
(Snowwhite)

desconfiasse das caras estranhas, receando os
(she) not trust of the faces strange fearing the

emissários da rainha, e ela tinha prometido
emissaries of the queen and she had promised

ser prudente. Mas, quando viu as lindas
to be prudent Bus when (she) saw the beautiful

coisas que a vendedeira tinha no cesto,
things that the saleswoman had in the basket

esqueceu-se das suas promessas.
(she) forgot herself of the her promises

"Veja este rico colar, minha menina, eu mesmo
See this rich necklace my girl I myself

lho vou pôr ao pescoço."
it you put at the neck

Branca consentiu, e a rainha estrangulou-a, e
Snowwhite consented and the queen strangled her and

foi-se embora. Quando os anões voltaram,
made herself away When the dwarfs returned

viram a infeliz Branca estendida no
(they) saw the unfortunate Snowwhite stretched on the

chão e completamente inanimada.
ground and completely inanimate

Arrancaram-lhe o colar, e deitaram-lhe nos
(They) ripped off her the necklace and laid her on the

lábios algumas gotas dum licor amarelo. Branca
lips some drops of a liquor yellow Snowwhite

começou a respirar, voltou a si pouco a
started to breathe returned at herself bit by

pouco, e contou aos seus bons amigos o que
bit and told to the her good friends it that

lhe tinha acontecido.
her · had · happened

"Podes estar certa," disseram-lhe eles, "que essa
(You) can · be · certain · said her · they · that · this

vendedeira não era outra pessoa, senão a tua
saleswoman · not · was · (an) other · person · if-not (than) · -the- · your

inimiga, a rainha. Toma cautela, não deixes entrar
enemy · the · queen · Take · caution · not · let · enter

aqui ninguém, quando não estivermos em casa."
here · no one · when · not · we are · in · house

Ao entrar no seu palácio toda contente,
At the · to enter · in the · her · palace · all · satisfied

colocou-se a rainha diante do espelho, e
placed herself · the · queen · in front · of the · mirror · and

disse-lhe:
spoke to it

"Meu fiel espelho: Qual é agora a mulher mais
My · faithful · mirror · Which · is · now · the · woman · most

linda	que	há	no	mundo?	Responde."
beautiful	that	has (there is)	in the	world	Answer

E	o	espelho	respondeu:
And	the	mirror	answered

"És	tu	nos	teus	grandes	palácios	e	nos	teus
Is	here	in the	your	great	palaces	and	in the	your

castelos,	mas	Branca	está	nas	sete	montanhas,
castles	but	Snowwhite	is	in the	seven	mountains

e	Branca	é	mais	linda	do	que	tu."
and	Snowwhite	is	more	beautiful	of the	that than	you

A	rainha	enfureceu-se,	e	resolveu	mais	uma	vez
The	queen	enraged herself	and	resolved	more	one	time

tentar	aniquilar	a	infeliz	Branca.
to try	to destroy	the	unfortunate	Snowwhite

Tornou-se	a	disfarçar	em	vendedeira.
(She) returned herself	to	disguise	in (as)	saleswoman

Chegou	às	sete	montanhas,	e	bateu	à
(She) arrived	to the	seven	mountains	and	knocked	at the

porta da cabana.
door of the hut

"Quem quer comprar lindas joias?" Branca veio
Who wants to buy beautiful jewels Snowwhite looked

à janela, e respondeu:
at the window and answered

"Vá-se embora, aqui não entra ninguém."
Go-yourself away here not enters no one

"Tanto pior para si," respondeu a malvada,
So much (the) worse for you answered the wicked one

"olhe este pente de ouro. Já viu outro
look at this comb of gold Already (you) saw (an)other

tão bonito?"
so beautiful

Branca não pôde resistir ao desejo de possuir
Snowwhite not could resist to the desire of to posess

aquela joia. Abriu a porta.
that jewel (She) opened the door

"Oh! minha linda menina, deixe-me pôr-lho na
Oh — my — beautiful — girl — let me — put it — on the

cabeça."
head

Ao dizer isto enterrou-lhe na cabeça o
At -the- — to say — this — (she) buried her — in the — head — the

pente, que estava envenenado, e Branca caiu
comb — that — was — poisoned — and — Snowwhite — fell

morta.
dead

À noite quando regressaram os anões,
At the — night — when — returned — the — dwarfs

acharam-na pálida e fria. Tiraram-lhe o
encountered -in- her — pale — and — cold — (They) pulled from her — the

pente envenenado, reanimaram-na com a sua
comb — poisoned — reanimated -in- her — with — the — their

bebida, e tornaram a recomendar-lhe que fosse
drink — and — returned — to — recommend her — that — (she) be

prudente.
prudent

No entanto a cruel rainha voltava
-In the- meanwhile the cruel queen returned

contentíssima para o seu palácio. Apenas
very satisfied to -the- her palace Hardly

chegou, foi direita ao espelho, e fez-lhe
arrived (she) went directly to the mirror and made it

a mesma pergunta, a que o espelho respondeu
the same question at that the mirror answered

como antecedentemente.
like before

Ah! é preciso que ela morra, ainda que para
Ah (it) is just that she dies even that for

isso eu tenha de me sacrificar.
that I have of myself to sacrifice

Vestiu-se de camponesa com um cesto de
(She) dressed herself of peasant woman with a basket of
(as)

maçãs.   Entre   elas   havia   uma   que   estava
apples   Between   them   had   one   that   was
(there was)

envenenada   dum   lado.   Foi,   e   bateu   à
poisoned   of one   side   (She) went   and   knocked   at the
(on one)

porta   da   cabana.
door   of the   hut

"Quem   quer   comprar   fruta,   quem   quer   comprar?"
Whom   wants   to buy   fruit   whom   wants   to buy

"Retire-se,"   disse   Branca   vendo-a   pela
Withdraw-yourself   said   Snowwhite   seeing her   through the

janela,   "não   deixo   entrar   ninguém,   nem   compro
window   not   (I) let   enter   no one   not   (I) buy

coisa   alguma."
thing   any

"Está   bem,   não   faltará   quem   compre   estas
(That) is   well   not   will lack   who   buy   these
(people who)

ricas   maçãs.   Mas   por   ser   tão   bonita,   quero
rich   apples   But   for   to be   so   beautiful   (I) want

dar-lhe uma."
to give you one

"Obrigada, não posso aceitar."
Obligated not (I) can accept
(Thanks)

"Imagina que está envenenada. Olhe, eu vou
(You) imagine that (it) is poisoned Look I go

comer um pedaço. Ah! que boa que é! Nunca
to eat one piece Ah what good that (it) is Never

provei nada assim." Ao pronunciar estas
(I) tasted nothing as such At -the- to pronounce these

palavras, a traidora mordia no lado da maçã,
words the traitor bit in the side of the apple

que não estava envenenado. Branca deixou-se
that not was poisoned Snowwhite let herself

tentar, levou à boca o outro pedaço, e caiu
seduce brought to the mouth the other piece and fell

fulminada.
struck down

"Aí   tens,   para   castigo   da   tua formosura."
Here (you) go   as   punishment of -the- your   beauty

Quando   chegou   ao   palácio   a   rainha   foi
When   arrived   at the   palace   the   queen   (she) went

direita   ao   espelho,   e   perguntou-lhe:
directly to the   mirror   and   asked it

Meu   fiel   espelho,   quem   é   agora   a   mulher   mais
My   faithful   mirror   who   is   now   the   woman   most

linda?"
beautiful

E   o   espelho   respondeu:
And   the   mirror   answered

"És   tu,   és   tu."
(It) is   you   (it) is   you

"Até   que   enfim!"
Until   that   finally
At last

Os   anões   estavam   inconsoláveis.   Debalde   tinham
The   dwarfs   were   inconsolable   At first   (they) had

tentado · reanimá-la · com · o · licor · de · ouro, · e
tried · to reanimate her · with · the · liquor · of · gold · and

com · outras · bebidas · ainda · mais · fortes. · Branca
with · other · drinks · even · more · strong · Snowwhite

continuava · fria · e · inanimada. · Choraram · por · ela
continued (to be) · cold · and · inanimate · (They) cried · for · her

durante · três · dias, · e · os · passarinhos · da · floresta
during · three · days · and · the · little birds · of the · forest

choraram · também. · No · entanto · as · boas · avezinhas
cried · as well · In the · meanwhile · the · good · birds

não · podiam · acreditar · que · ela · estivesse · morta, · e
not · could · believe · that · she · was · dead · and

vendo · o · seu · rosto · tão · tranquilo, · as · suas · faces
seeing · -the- · her · face · so · calm · -the- · her · cheeks

tão · frescas, · parecia · que · estava · a · dormir. · Não
so · fresh · (it) seemed · that · (she) was · to · sleep · Not

quiseram · enterrá-la. · Meteram-na · num · caixão · de
(they) wanted · to bury her · (They) put her · in a · coffin · of

cristal,   e   escreveram   em   cima.   "Aqui   jaz   a
crystal   and   wrote   on   top   Here   lies   the

filha   dum   rei;"   puseram   o   caixão   numa   das
daughter   of a   king   (they) put   the   coffin   on one   of the

sete   montanhas,   e   um   deles   devia   estar   de
seven   mountains   and   one   of them   had   to be   of
(on)

guarda   constantemente.   Branca   conservou-se
guard   constantly   Snowwhite   conserved herself

assim   durante   muitos   anos,   sem   que   se
so   during   many   years   without   that   oneself

notasse   no   seu   rosto   a   mais   pequena
noticed   in -the-   her   face   the   most   small

alteração.
alteration

Um   dia   um   formoso   rapaz,   filho   dum   rei,
One   day   a   handsome   boy   son   of a   king

tendo-se   perdido   ao   andar   à   caça, viu   o
having himself   lost   at the   to go   at the   hunt   saw   the

caixão, e pediu aos anões que lho cedessem,
coffin and asked -to- the dwarfs that him (they) cede (it)

fosse por preço que fosse.
be (it) for (any) price that (it) be

"Somos muito ricos, e por nada deste mundo
(We) are very rich and for nothing of this world

venderemos este caixão, que é o nosso tesouro."
(we) will sell this coffin that is -the- our treasure

"Então dêem-mo, já não posso viver sem
Then give (it) me already not (I) can live without

contemplar este rosto de mulher. Guardá-lo-ei
to contemplate this face of woman (I) will keep it

na melhor sala do meu palácio. Peço-lhes
in the best room of -the- my palace (I) ask you

que me façam isto."
that (for) me (you) do this

Os anões, comovidos, consentiram. Quatro homens
The dwarfs touched consented Four men

pegaram no caixão para o levarem. Um deles
took on the coffin for it (they) lift One of them

tropeçou numa raiz, e o caixão sofreu um
tripped on a root and the coffin suffered a

balanço, que fez cair o bocado da maçã
swing that made fall the bit of the apple

envenenada, que Branca não tinha engolido, e
poisoned that Snowwhite not had swallowed and

que lhe ficara na boca. Abriu logo os
that her remained in the mouth (She) opened then the

olhos, e ressuscitou. O jovem príncipe
eyes and (was) resuscitated The young prince

levou-a para o seu castelo, e casou com ela.
carried her to -the- his castle and married with her

O casamento fez-se com grande pompa. O
The marriage made itself with great pomp The

príncipe convidou todos os reis e rainhas dos
prince invited all the kings and queens of the

diferentes países, e entre elas a rainha
different countries and between them the queen

inimiga de Branca. Apenas acabou de vestir um
enemy of Snowwhite Hardly finished of to dress a

rico vestido, que devia atrair todos os olhares,
rich dress that had to attract all the eyes

pôs-se diante do espelho, e disse a
(she) put herself in front of the mirror and said the

rainha:
queen

"Meu fiel espelho, qual a mulher mais linda
My faithful mirror which the woman most beautiful
(who is)

que há do mundo?"
that has of the world
(there is)(in the)

E o espelho respondeu:
And the mirror answered

"Branca é mais formosa que tu."
Snowwhite is more beautiful that you
(than)

A estas palavras a rainha estremeceu, e teve
At these words the queen trembled and had

tal medo que os seus crimes fossem
such fear that -the- her crimes would be

descobertos, que morreu de repente.
discovered that (she) died of sudden

Branca viveu muitos anos, adorada de todos, e
Snowwhite lived many years adored by all and

no seu palácio de princesa não se esqueceu
in -the- her palace of (a) princess not herself (she) forgot

dos anões que tinham sido os seus benfeitores.
of the dwarfs that had been -the- her benefactors

A boneca

A boneca
The doll

Deixe-me agora, leitor, contar-lhe uma história, a
Let me now reader tell you a story a

história duma boneca!
story of a doll

Não há muitos anos, mas ainda não era
Not (it) has many years more still not (there) was
(it was) (years ago)

a cordoaria do Porto, o ameno jardim, onde
the Cordoaria of the Porto the pleasant garden where
{park}

a infância folga por entre maciços de flores
the (my) childhood rested for between massive -of- flowers
between

e sob o sorriso do sol, sem que lhe
and under the smile of the sun without that it

enegreça o espírito a vista dos dois
blackens the spirit the sight of the two

monumentos, que a meu ver simbolismo as
monuments that to me to see symbolism to the
(were symbols)

duas mais horríveis calamidades, que podem
two most horrible calamities that could

aniquilar um homem, o hospital e a cadeia!
destroy a man the hospital and the jail

ainda não há muitos anos, repito, estava eu,
still not had many years (I) repeat was I
(it was) (years ago)

uma noite, encostado a uma barraca da
one night leaning against a tent of the

feira, divertindo-me a meu modo.
fair entertaining myself at my own manner
(in) (way)

Cansado das inúmeras figuras, que tinha visto
Tired of the innumerable figures that (I) had seen

passar por aquela espécie de lanterna mágica,
pass through that sort of lantern magical
magic lantern {the tent}

dispunha-me   a   dar   por   findo   o   espetáculo,
disposed myself   to   give   for   end   the   spectacle

quando   novos   personagens   me   chamaram   a
when   new   persons   me   called   the

atenção.
attention

Eram   os   meus   vizinhos   'ricos'.
(They) were   the   my   neighbors   rich

Aqui é preciso uma rápida explicação.
Here is   just   a   quick   explanation

Das   famílias   da   minha   vizinhança,   só   conheço
Of the   families   of -the-   my   neighborhood   only   (I) know

três.
three

Qual destas três famílias será mais feliz?...
Which   of these   three   families   will be   more   happy

Pelo que tenho notado, não têm que invejar umas
By it   that   (I) have   noticed   not   have   to   envy   one

às   outras.
to the   others

São   todas felizes; cada qual a seu modo.
(They) are all   happy each which at its manner
                              (of them) in its own way

Vi, pois, chegar os meus vizinhos 'ricos'.
(I) saw then arrive -the- my neighbors rich

Parou o carro, o criado saltou da almofada
Stopped the carriage the servant jumped from the cushions

e veio, de chapéu na mão e dorso
and came of hat in the hand and back

ligeiramente curvado, abrir a portinhola; o
slightly curved to open the little door -the-
                                    (carriage door)

meu vizinho saltou, tomou nos braços a filhinha
my neighbor jumped took in the arms the little girl

e depô-la no chão, e oferecendo, em seguida,
and put her on the floor and offering in following

a mão à esposa, para a ajudar a apear,
the hand to the spouse for to help to dismount

dirigiu-se   com ela e com a menina para a
directed himself with her and with the girl   to the

barraca onde eu estava.
tent   where I   was

Não havia ali segredo a surpreender.
Not had   there (a) secret to   surprise
    (was)

Havia   um homem, exemplar como marido, rico,
Had   a   man   examplary   as   husband rich
(There was)

doido pela   filha,   e   que parecia agradecer
crazy for the daughter and that seemed   to please
   doting on   (to indulge)

àquela formosa criança a manifestação de
that   beautiful child   the manifestation of

qualquer desejo.
any   desire

No   fim de meia hora possuía a   minha
At the end of half (an) hour possessed -the- my

pequena vizinha com que fazer a felicidade
little   neighbor (that) with that to make the happiness

de dez crianças menos abastadas.
of   ten   children   less   wealthy

Tinha   o   necessário para   montar   completamente
(She) had   the   necessary   for   to assemble   completely

a   casa duma   boneca... 'rica'.
the   house   of a   doll   rich

Faltava   apenas   a   dona   da   casa   a   boneca.
(She) missed   just   the   lady   of the   house   to   (the) doll

Todo   risos   e   atenções,   o   lojista   apresentou   o
All   laughs   and   attentions   the   shopkeeper   presented   it

que   tinha   de   melhor.
that   (he) had   of   best

Depois   de   muita   hesitação   e   de,   já   com   os
After   of   much   hesitation   and   of   already   with   the

olhos,   já   com   a   voz,   consultar   a   mamã,   a
eyes   already   with   the   voice   consult   the   mother   the

gentil criança   acabou   por   escolher   uma   magnífica
gentle   child   finished   for   to choose   a   magnificent

boneca de dois palmos de altura, com cabelo em
doll | of | two | (hand)palms | of | height | with | hair | in

'bandeaux' e olhos azuis.
bands {french} | and | eyes | blue

Uma boneca como as outras: cabeça e colo de
A | doll | like | the | others | head | and | neck | of

massa, corpo de pelica recheada, braços e pernas
dough | body | of | fur | stuffed | arms | and | legs

de pau.
of | stick

Uma vive na loja da casa, que habito. É
One | lives | in the | shop | of the | house | that | (I) live (in) | (It) is

uma tribo de crianças, que fazem o martírio e
a | tribe | of | children | that | make | the | martyrdom | and

a alegria da pobre mãe, e tem por chefe
the | happiness | of the | poor | mother | and | have | for | chef

um honrado sapateiro.
a | honorable | shoemaker

Alguns deles, se andassem limpos, seriam
Some of them if (they) went clean would be

encantadores; assim, parecem anjos, caídos
lovely like this (they) look like angels fallen

do céu sobre um monte de lama.
from the sky on a heap of mud

São os meus vizinhos 'pobres'.
(They) are -the- my neighbors poor

A segunda compõe-se de marido, mulher e
The second composes itself of husband wife and

filha, e ocupa a casa imediata.
daughter and occupies the house immediate
(next)

É como se costuma dizer, gente 'que vai muito
And as itself uses to say people that go very

bem com a sua vida'.
well with -the- their life

A filha que terá dez anos, tem destas faces
The daughter that will have ten years has these faces
(will be)

rosadas, rijas e carnudas, cuja solidez a gente
rosy stuffed and fleshed which solidity the people

gosta de experimentar com o dedo, e que
like of to experiment with the finger nad that

resistem à pressão.
resist to the pressure

São os meus vizinhos 'remediados'.
(They) are -the- my neighbors remedied
(middle class)

A terceira é a dos meus vizinhos 'ricos'.
The third is that of -the- my neighbors rich

Casa nobre, jardim espaçoso, cavalos, criados,
House noble garden spacious horses servants

nome inscrito nas listas dos acionistas de todos
name inscribed on the lists of the shareholders of all

os bancos e no rol dos credores do estado,
the banks and on the roll of the creditors of the state
(list)

nada falta àquela ditosa gente!
nothing lacks that blessed people
(those)

Compõe-se   igualmente de   marido, mulher   e
(It) composed itself   equally   of   husband   wife   and

filha.
daughter

Que formosa criança!... Terá   oito anos.
What beautiful   child   (She) had eight years
                            (She was)

Franzina e pálida, com os cabelos negros, os olhos
Francina   is   pale   with the   hairs   black   the   eyes

grandes   e   cismadores, nunca lhe contemplo as
large   and   brooding   never   her contemplate the

pequeninas mãos de dedos compridos e esguios,
small   hands   of fingers   long   and slender
                    (with)

terminados   por   unhas   duma   cor   de   rosa
ended   by   nails   of a   color   of   pink

transparente, que não sinta antecipada inveja   do
transparent   that not feel   anticipated   envy   of the

feliz   namorado, provavelmente ainda a   crescer,
happiness   loved   probably   still to to grow (up)

que   há-se   um   dia   ter   o   direito de lhas   cobrir
that has itself one day to have   the   right   of them to cover

de   beijos.
of   kisses

Feita   a   compra,   o   pai   pagou,   chamou   o
Made   the   purchase   the   father   paid   called   the

criado,   e   este   mudou   todas   aquelas   preciosidades
servant   and   this   changed   all   those   preciosities

de   sobre   o   balcão   da   barraca   para   dentro   do
of   over   the counter of the   tent   to   inside   of the

carro.
carriage

A   boneca   teve   a   honra   de   ser   transportada
The   doll   had   the   honor   of to be   transported

pela   aristocrática   criança.
by the   aristocratic   child

Saí   dali,   logo que   o   trem   rodou,   e   fui
(I) left from there soon that   the   tram   ran   and   went
                     as soon as

fazendo   até   casa   variadíssimas   considerações,
making   until   home   many various   considerations

sugeridas   pela   quase   indiferença,   com   que   aquela
suggested   by the   almost   indifference   with   that   that

menina   recebera   brinquedos,   que   representavam
girl   received   toys   that   represented

um   par   de   moedas.
a   pair   of   coins

Que   contraste   com   os   olhares   de   cobiça,   com   que
What   contrast   with   the   looks   of   greed   with   that

outras   raparigas   da   mesma   idade   namoravam
other   girls   of the   same   age   loved

uma   destas   bonecas   de   cabeça   de   pano,   horrível
one   of these   dolls   of   head   of   rag   horrible
  (with)

artefacto   português,   em   que   os   olhos   são
artefact   portuguese   in   that   the   eyes   are

representados   por   dois   pontos   de   linha   azul,   o
represented   by   two   points   of   line   blue   the

nariz por um alinhavo de retrós cor de rosa, a
nose by a lining of retracts color of pink the

boca por outro de fio vermelho, e os cabelos
mouth by another of yarn red and the hairs

por flocos de lã preta!
by flakes of wool black

Quando cheguei a casa, já na dos meus
When (I) arrived at home already in that of -the- my

vizinhos remediados não havia luz.
neighbors remedied not had light
(middle class) (there was)

Na dos meus vizinhos 'pobres', o pai
In that of -the- my neighbors poor the father
{shoemaker}

batia a sola, cantando ao som de três
beat the sole singing at the sound of three
(shoe sole)

assobios e duas campainhas de barro, com que
whistles and two bells of mud with that
(which)

os anjos, por lavar, provocavam os ralhos da
the angels for to wash provoked the reprimands of the
by washing

mãe.
mother

Quando,   no   dia   seguinte,   cheguei   à   janela,
When   in the   day   next   (I) arrived   at the   window
        (on the)

seriam   onze   horas   da   manhã.
(it) would be   eleven   hours   of the   morning

Na   rua   agenciavam   nova   camada   de   imundície
In the   road   brokered   (a) new   layer   of   filth
        (applied)

os   filhos   do   sapateiro;   na   casa   imediata   não
the   sons   of the   shoemaker   in the   house   next   not

se   via   ninguém   estava   a   pequena   na   mestra;
itself   saw   no one   was   the   little one   in the   mistress

no   palácio,   sentada   num   tapete   estendido   sobre
in the   palace   seated   in a   rug   stretched   over
        (on a)

a   ampla   pedra   da   varanda,   divertia-se   a
the   broad   stone   of the   porch   entertained itself   the

minha   pequena   milionária   fazendo   rodar,   com
my   little   millionair girl   making   go round   with

auxílio duma linha, uma magnífica 'caleche'
help   of a line   a   magnificent carriage
            (string)

descoberta, puxada por cavalos brancos.
uncovered   pulled by horses   white

Dentro da 'caleche' pavoneava-se a boneca
Inside of the carriage flaunted herself the doll

opulentamente vestida.
opulently   dressed

"Aí está a tua caricatura, minha feiticeira!..."
There is -the- your caricature my   sorceress

disse eu de mim para mim. "Ensaias nas bonecas
said I from me to me   Teach in the dolls
              to myself

o que vês no mundo a que pertences!...
it that (you) see in the world at that (you) belong

Estás a aprender a copiar... Sempre este
(You) are to learn to copy   Always this

mundo!..."
world

Retirei-me da janela.
(I) retired myself from the window

Durante uma semana vi muitas vezes repetida
During a week (I) saw many times repeated

a mesma cena.
the same scene

A boneca ostentava todos os dias novas galas,
The doll displayed all the days new galas

e havia dia em que se vestia três e
and had (a) day in that herself (she) dressed three and
(there was) (or)

quatro vezes!
four times

Ao que eu, porém, achava mais graça,
At the that I nevertheless encountered more grace
(amusement)

era ao respeito com que a dona a tratava!
was at the respect with that the lady her treated

Chamava-lhe Sr.ª D. Luísa; dava-lhe excelência;
(She) called her Mrs D. Luisa gave her excellency
(called her)

sustentava	finalmente	com	a	boneca	um	destes
sustained	finally	with	the	doll	one	of these

diálogos	de	senhoras	da	alta	sociedade,	em	que
dialogues	of	ladies	of the	high	society	in	that

se	fala	de	tudo,	sem	se	dizer
one	talks	of	everything	without	oneself	to say

coisa alguma.
thing any
anything

Um	dia,	estava	eu	de	costas	voltadas	para	a
One	day	was	I	of (with)	back	turned	to	the

janela	dos	meus	vizinhos	'ricos'	ouvi	um	grito
window	of -the-	my	neighbors	rich	(I) heard	a	scream

de susto.
of fright

Era	devido	a	um	acidente,	a	que	está	sujeito
(it) was	owed	to	an	accident	at	that (which)	was	subjected

quem anda de carro.
who went of carriage

Voltara-se   este,   e   a   boneca   caíra,   ferindo   a
Turned herself this (one) and the doll fell hurting the

fronte   na   pedra   da   janela.
forehead in the stone of the window
          (on the) (sill)

O   primeiro   movimento   da   pequena   foi   beijar
The first movement of the little one was to kiss

e   prantear   a   vítima;   vendo,   porém,   que   a
and mourn the victim seeing nevertheless that the

ferida   havia   forçosamente   de   deixar   cicatriz,   e
wound had forcibly of to leave (a) scar and

lembrando-se   de   que   só   lhe   bastava   querer,
remembering herself of that only her was enough to want

para   que   lhe   dessem   outra   nova,   agarrou-a
for that her (they) gave (an)other new (one) grabbed it

pelos   pés   e   ia   atirá-la   com   despeito   à
by the feet and went to throw her like spite at the

rua,   quando   mais   perto   de   mim   bradou   voz
road when more near of mine cried out (a) voice

tímida   e   suplicante:
timid   and   supplicant

"Não   atire!...   Dê-ma."
Not   throw (away)   Give to me

Era   a   minha   pequena   vizinha   da   casa
(It) was   the   my   little   neighbor (girl)   from the   house

pegada, de quem eu não dera fé até então.
attached   of   whom   I   not   gave   faith   until   then
                                  had notice

Assim   invocada,   a   menina   'rica'   franziu
Like this   invoked   -the-   my   rich   frowned
        (called to)

levemente   as   sobrancelhas   e   lançou   um   olhar   de
lightly   the   eyebrows   and   launched   a   gaze   of

rainha   para   o   sítio   donde   vinha   a   súplica.
queen   to   the   site   where   (she) saw   the   supplicant

Vendo   uma   criança,   pouco   mais   ou   menos   da
Seeing   a   girl   little   more   or   less   of the

sua   idade,   serenou   e,   encolhendo   os
her   age   (she) calmed down   and   shrugging   the

ombros, respondeu:
shoulders   answered

"Já   não presta!... Está esmurrada!..."
Already not   good   (It) is   punched
                          (cracked)

"É   o mesmo!... Dá-ma?..." bradou a outra, cujos
(It) is the same   Give me begged the other whose

olhos brilhavam de cobiça.
eyes   shone   of covetousness

"Dou..." volveu a rica, encolhendo novamente os
(I) give returned the rich shrugging   newly   the
                              (again)

ombros.
shoulders

E, caminhando para o canto da varanda,
And   walking   to   the corner of the porch

deixou cair a boneca nas mãos da vizinha, que
let fall the doll in the hands of the neighbor that

tremia, receosa de que aquele tesouro fosse
trembled afraid of   that   that treasure would

despedaçar-se nas lajes da rua.
go to pieces itself in the slabs of the road
                              (on the)

Fugiram ambas as pequenas a um tempo: a rica
Fled   both   the   little (ones) at one   time   the rich

para exigir nova boneca; a outra, para mostrar
for   to demand (a) new   doll   the   other   for   to show

à mãe a que ela ainda não podia acreditar,
to the mother it what she still   not could   believe

que fosse sua!
that (it) was hers

Por espaço de meses foi a boneca a principal
For (the) space of months was the   doll   the   main

ocupação da nova dona.
occupation of the new lady

A pobre perdera na troca. Ia longe o
The poor (one) lost in the trade Went away the

tempo em ela se vestia quatro vezes em quatro
time   in   she herself dressed four   times   in   four

horas!... Já lhe não davam excelência!
hours Already her not gave excellency
(called)

Chamavam-lhe Sr.ª D. Ana; falavam-lhe de
Called her Mrs. D. Ana (they) talked to her of

arranjos domésticos, do desmazelo da
arrangements (of the) household of the scruffle of the

criada, da missa das almas, de coisas
servant of the mass of the souls of things

finalmente, completamente estranhas para ela!
finally completely strange to her

E a desgraçada perdia as cores; os olhos
And to disgrace (she) lost the colors the eyes

tornavam-se-lhe cada vez menos azuis; mas o
turned themselves of her each time less blue but it

que mais a desfigurava era a cicatriz, que de
that most her disfigured was the scar that of

dia para dia se tornava mais escura: parecia
day to day itself turned more dark (it) seemed

uma nódoa, um estigma!
a   stain   a   stigma

Nos primeiros tempos, enquanto durou o vestido,
In the   first   times   while   lasted   the   dress
    (days)

que trouxera no corpo, ainda não poderia
that   (she) carried   on the   body   still   not   (she) could

enganar olhos pouco conhecedores.
deceive   eyes   little   connaisseurs

Não tardou, porém, que arrebiques de mau gosto,
Not   delayed   however   that   fripperies   of   bad   taste

fitas velhas, rendas amareladas, chapéus
ribbons   old   laces   yellowed   hats

impossíveis, viessem contrastar com a
impossible   would come in   to contrast   with   the

elegância do vestido. Dava ares de se ter
elegance   of the   dress   Gave   airs   of   itself   to have

equipado ao acaso, na loja duma
equipped   at the   random   in the   shop   of a

adeleira.
thrift lady
{arabic ad-dilal, auctioneer}

Mas   **o**   **vestido**   **foi-se**   **tornando**   **velho;**
But   the   dress   was itself   turning   old

desapareceu   **o**   **brilho,**   **e**   **com**   **ele**   **as**   **ondulações**
disappeared   the   shine   and   with   her   the   ondulations

do   **'moiré',**   **até**   **que,**   **um**   **belo**   **dia,**   **vi**   **a**
of the   shimmer   until   that   one   beautiful   day   (I) saw   the
     {french}

boneca   **vestida**   **de**   **cassa**   -   **no**   **Inverno!**   **xaile**   **e**
doll   dressed   of   cotton   in the   Winter   shawl   and
     {archaic}

manta   **na**   **cabeça.**
cloak   on the   head

Muito   **mal**   **lhe**   **ficava**   **aquilo!...**   **Àquela**   **boneca**
Very   bad   her   fit   that   That   doll

custava-lhe   **decerto**   **o**   **ver-se**   **tão**   **mal-arranjada.**
costed it   certainly   to   see herself   so   badly arranged

Eu   **retirei-me**   **da**   **janela**   **soltando**   **um**   **suspiro,**
I   retired myself   from the   window   uttering   a   sigh

e balbuciei:
and babbling

"É justo!... Cada qual segundo as suas
(It) is just Each which according to -the- their

posses."
possessions

Por esse tempo, entrei em relações com o
By that time (I) entered in relations with -the-

meu vizinho sapateiro.
my neighbor shoemaker

O honrado homem soubera, que eu me
The honorable man knew that I myself

queixara da bulha, que os filhos faziam logo
complained of the noise that the children made after

ao amanhecer, e aproveitara a primeira
-to- the dawn and approved the first

ocasião, para me pedir desculpa.
occasion for me to ask (an) apology

Vendo-me conversar com o honrado pai,
Seeing me / converse / with / the / honorable / father

tinham-se os filhos animado a aproximar-se
had themselves / the / children / excited / to / approach themselves

de nós e, desde então, nunca saio de
of / us / and / from / then / never / (I) exited / from

casa nem entro, sem grave risco de sofrer
(the) house / nor / entered / without / grave / risk / of / to suffer

as consequências da sua travessa familiaridade.
the / consequences / of -the- / their / mischief / familiar
familiar mischief

Entre os filhos do sapateiro, porém, há uma
Between / the / children / of the / shoemaker / however / has / a

pequenita de onze anos, com quem simpatizei
little one / of / eleven / years / with / whom / (I) sympathized

logo à primeira vista.
after / to the / first / visit
(of the)

Chama-se Maria.
(She) called herself / Maria

Por um destes acasos da Providencia, que
By one of these chances of -the- Providence that

parece às vezes comprazer-se em criar
seems at -the- times to please itself in to create

contrastes, Maria destaca no meio de todos os
contrasts Maria stands out in the middle of all the

irmãos.
brothers

Acostumado às travessuras e desalinho dos
Accustomed to the mischief and unrest of the

outros filhos do sapateiro, fiquei deveras
other children of the shoemaker (I) remained of-truth
(really)

pasmado quando o pai a apresentou para mim.
amazed when the father her presented to me

E bem verdade que ele conhecia o valor
And well true that he knew the value

daquela criança, porque havia verdadeiro orgulho
of that child because had true pride
(there was)

no   olhar   do   pobre   homem   quando   me   disse:
in the   eyes   of the   poor   man   when   me   (he) said

"Esta é   a   minha   Maria!"
This   is   -the-   my   Maria

E   tinha   razão!
And   had   reason
      (he was)(right)

Não   podia   ser   mais   discreta   do   que   já   nesse
Not   (I) could   be   more   discreet   of it   that   already   in that
                                        than

tempo   era.
time   (I) was

"É   quem   vale   à   mãe!..."   acrescentou   o
(She) is   who   is valued   to the   mother   added   the

velho.   "Ali,   onde   a   vê,   faz   o   serviço   duma
old man   There   where   she   sees   makes   the   service   of a

mulher!...   Há   seis   meses,   quando   a   minha   santa
woman   Has   six   months   when   the   my   saint
      (Since)

esteve   doente   bem   pensei   que   não   arribasse!
was   dying   well   (I) thought   that   nothing   would arrive

a pequena era quem cozinhava e olhava
the little one (it) was who cooked and looked

pelos irmãos!... E caridade como ela tem!?...
after the brothers And charity as she has

Olhe que aquela pequena esteve três dias sem
Look that that little girl was three days without

se deitar... ali... ao pé da mãe! Foi preciso
herself to rest there at the feet of the mother Was forced

eu obrigá-la, que ela não a queria deixar!..."
I obliged her that she not her wanted to leave
(to oblige her)

E o desvanecido pai enxugou, com a manga
And the faded father wiped with the sleeve

da camisa, uma lágrima, que, havia muito,
of the shirt a tear that had much
for a while now

hesitava sobre se sim ou não se devia
hesitated about itself yes or no itself must

despenhar.
let go

Fazia   gosto de ver aquela pequena com o
(It) made pleasure of to see that little one with -the-
(It gave)

seu vestidinho de   chita escura e a
her little dress of patterned cloth dark and the
               dark patterned cloth

cabeça coberta por um lenço branco.
head covered by a scarf white
            white scarf

Desde que o pai me deu tão boas informações
From that the father me gave such good informations

da rapariga, nunca mais passei por defronte da
of the girl never more passed by of front of the

porta da loja, sem dar pelo menos os bons
door of the shop without to give at the least the good
                   (a)

dias à pequena.
days to the little one
(day)

Uma vez recolhia eu para jantar, quando vi a
One time gathered I for to dine when (I) saw the
     (got ready)

Mariquitas, com uma boneca deitada nos joelhos.
little Mary with a doll lying on the knees

Eu   conheço   aquela   boneca!...   disse   eu
I   know   that   doll   said   I

de mim para mim.
from me to me
by myself

E, não podendo resistir à curiosidade, bradei:
And not being able to resist to the curiosity (I) cried

"Ó Maricas!... Quem te deu a boneca?..."
Hey Mary Whom you gave the doll

"Foi ali a menina da vizinha!" respondeu a
Was there the girl of the neighbor answered the
neighbor girl

pequenita, corando de prazer.
little one blushing of pleasure

Era   escusado dizer-mo.
(It) was excused to tell me
(pointless)

Maria pegara na boneca e voltara-a de face
Maria took in the doll and turned it of face
(the)   (with)

para mim. Não podia duvidar... Era ela; lá
to me Not (I) could doubt (It) was her there

117

estava   a   mancha,   o   estigma   cada   vez   mais
was   the   stain   the   stigma   each   time   more

visível   na   fronte.
visible   on the   front

De   tempos   a   tempos,   nas   raras   horas   de
From   times   to   times   in the   rare   hours   of

descanso, Maria   entretinha-se   com   ela.
rest   Maria   entertained herself   with   her

Quem   te   viu   e   quem   te   vê!... pensava eu.
Who   you   saw   and   who   you   sees   thought   I

Às   vezes,   se   Maria   se   descuidava   e   os
At the   times   if   Maria   herself   did not take care   and   the

irmãos   lha   podiam   apanhar,   que   tratos   que
brothers   her   could   catch   what   deals   that
(treatment)

sofria   a   desgraçada!
suffered   the   disgraced one

Roçada   por   aquelas   mãos,   de   que   um   carvoeiro
Rubbed   by   those   hands   of   that   a   carver
(which)

se envergonharia, empregada como bola,
himself would have ashamed employed as (a) ball

submetida a torturas, era, ainda assim,
subjected to tortures was still as such

singularíssimo o aspeto da triste!
most quaint the aspect of the sad one

Dava ares duma duquesa que, por necessidade,
(She) gave airs of a duchess that for necessity

houve sido levada a fraternizar com o povo.
had been brought to fraternize with the poor

A mísera mudara mais uma vez de nome!...
The miserable one changed more one time of name
once more

De Sr.ª D. Ana passara a ser Sr.ª Rosinha e
From Mrs. D. Ana went (she) to be Mrs. Rosinha and

tratavam-na por vossemecê.
(they) treated her for you
(with)

Trajava vestido de chita, capote velho de
(She) wear (a) dress of patterned cloth cloak old of

pano verde e lenço na cabeça.
cloth green and (a) scarf on the head

Era um prazer para mim o escutar as
(It) was a pleasure for me the listening to the

conversas, que Maria sustentava com a boneca.
conversations that Maria sustained with the doll

Esta, umas vezes, representava o papel de
This one some times represented the role of

mulher casada, e Maria, encarregando-se de
woman married and Maria in charge herself of

perguntar e responder por ela, obrigava a pobre
to ask and to answer for her obliged the poor

boneca a lastimar-se por estar tudo tão
doll to complain herself for to be everything so

caro, por haver falta de trabalho, por ter os
expensive for to have lack of work for to have the

filhos doentes, todos os assuntos, finalmente, que
children dying all the affairs finally that

mais familiares eram à pequena.
most familiar were to the little one

Outra vezes passava a boneca a ser criada de
Other times passed the doll to be created of

servir. Repreendiam-na, mandavam-na buscar água
to serve (They) scolded her sent her to look for water

à fonte, pagavam-lhe, regateando, a soldada,
at the fountain paid her haggling at military pay (small wages)

e acabavam por a despedir.
and finished by her to fire

Já o leitor vê que, apesar da bondade
Already the reader sees that in spite of the goodness

Maria, deixara de ser feliz.
(of) Maria ceased of to be happy

Iam longe os bons tempos em que ela, rica,
(They) went away the good times in that she rich

morava no palácio vizinho!
resided in the palace neighboring

Desmaiada de cores, quase perdido o cabelo,
Faded of colors almost lost the hair

semiapagados os olhos, desfeito o carmim dos
half-put out the eyes undone the red of the

lábios, a boneca não prometia longa duração.
lips the doll not promised long duration

Foi este pelo menos, o prognóstico que fiz
Was this by the least the prognosis that (I) made

a última vez que a vi, tentando em vão
the last time that her (I) saw trying in vain

agradar à última dona que o seu destino lhe
to please to the last mistress that the her destiny her

dera.
gave

Coitada!... Bem longe estava de lhe imaginar o
Poor one Well away was of her to imagine the

fim!
end

Um dia chovia a cântaros! o enxurro, mal
One day (it) rained at pitchers the run-off bad
               cats and dogs

cabendo nas valetas da rua, espadanava em
fitting in the wallets of the road splashed in
          (gutters)

cachão para cima dos passeios, arrastando na
bubbles to top of the sidewalks dragging in the

passagem mil imundícies.
passage (a) thousand filths

Eu estava à porta de casa, esperando que
I was at the door of (the) house waiting that

a chuva cessasse, e olhava melancolicamente
the rain stopped and looked melancholically

para a água negra, que corria. Nisto ouvi um
at the water black that ran In this (I) heard a

grito, que partia da loja do sapateiro. Voltei
scream that came out of the shop of the shoemaker (I) turned

maquinalmente o rosto... Um objeto, arremessado
machinally the face An object flung

de   dentro   da   loja, atravessou o espaço voando,
from   inside   of the shop   traversed   the   space   flying

e   foi cair no leito do enxurro...
and went to fall in the bed of the run-off

Olhei... Era   a boneca!...
(I) saw (It) was the   doll

A   mísera, arrastada pela água, vogou rua abaixo
The poor one   dragged   by the water   flew   road   down

até esbarrar numa pedra; mas o   redemoinho
until   to bump   in a   stone   but   the   whirlpool

envolveu-a, e, depois de a   fazer girar três ou
enveloped her and   after   of her to make turn three or

quatro vezes, obrigou-a a passar pelo estreito,
four   times   obliged her to   pass   by the narrows

traçado entre a pedra e o passeio, e a
traced   between the   stone and the sidewalk and the

triste seguiu no   fio   da corrente, até ir
sad one followed in the stream of the   stream   until to go

sumir-se   nas profundezas da primeira boca
submerge herself in the   depths   of the   first   mouth

de lobo, que   encontrou   na passagem!
of   wolf   that (she) encountered in the   passage

Será   pieguice,   será o que o leitor quiser;
It will be   fussiness   it will be it that the reader   wants

mas, confesso-lhe, que me impressionou o fim
but (I) confess you   that me   impressed   the end

da pobre boneca.
of the   poor   doll

Mal   passou a chuva,   desci   o degrau da
Barely passed the   rain (I) came down the   step   of the

porta e, chegado à vidraça do   sapateiro,
door and   arrived at the glass   of the shoemaker

perguntei com voz involuntariamente severa:
asked   with voice   involuntarily   severe

"Porque   deitaste   fora   a boneca, Maricas!?"
Why   did you throw outside the   doll   Maricas

"Não fui eu..." balbuciou a pequena, chorando.
Not was I stammered the little one cyring

"Foi ali o Joaquim!..."
(It) was there the Joachim

"E porque fizeste tu aquilo, Joaquim?..."
And why did you (do) that Joachim

"Ora!..." respondeu o garoto com enfado. "Ora!...
Now answered the boy with annoyance Now

Estava velha... e feia!..."
(It) was old and ugly

Curvei a cabeça ante aquela razão, e segui
(I) bent the head before that reason and followed

o meu caminho.
-the- my way

Pobre boneca!
Poor doll

www.ingramcontent.com/pod-product-compliance
Lightning Source LLC
LaVergne TN
LVHW011334080426
835513LV00006B/339